Date _____

Name of Ritual or Spell _____

Purpose _____

Participants   **Deities Invoked**

Waxing   Full Moon   Waning

Description

Ingredients and Equipment

Immediate feelings and effects

Follow Up

Manifestation Date _____

Results _____

Date _____   **Caster** _____

Name of Ritual or Spell _____

Purpose _____

Participants   **Deities Invoked**

| Waxing | Full Moon | Waning |

Description

Ingredients and Equipment

Immediate feelings and effects

Follow Up

Manifestation Date _____

Results _____

Date _____   **Caster** _____

Name of Ritual or Spell _____

Purpose _____

Participants   **Deities Invoked**

| Waxing | | | Full Moon | | Waning | |

Description

Ingredients and Equipment

Immediate feelings and effects

Follow Up

Manifestation Date _____

Results _____

Date _____   **Caster** _____

Name of Ritual or Spell _____

Purpose _____

Participants   **Deities Invoked**

Waxing   Full Moon   Waning

Description

Ingredients and Equipment

Immediate feelings and effects

Follow Up

Manifestation Date _____

Results _____

Date _____ **Caster** _____

Name of Ritual or Spell _____

Purpose _____

Participants   **Deities Invoked**

Waxing   Full Moon   Waning

Description

Ingredients and Equipment

Immediate feelings and effects

Follow Up

Manifestation Date _____

Results _____

Date _____   **Caster** _____

Name of Ritual or Spell _____

Purpose _____

Participants   **Deities Invoked**

Waxing   Full Moon   Waning

Description

Ingredients and Equipment

Immediate feelings and effects

Follow Up

Manifestation Date _____

Results _____

Date _____   **Caster** _____

Name of Ritual or Spell _____

Purpose _____

Participants   **Deities Invoked**

| Waxing | Full Moon | Waning |

Description

Ingredients and Equipment

Immediate feelings and effects

Follow Up

Manifestation Date _____

Results _____

Date _____ **Caster** _____

Name of Ritual or Spell _____

Purpose _____

Participants　　　　　　　　**Deities Invoked**

Waxing　　　　　　Full Moon　　　　　　Waning

Description

Ingredients and Equipment

Immediate feelings and effects

Follow Up

Manifestation Date _____

Results _____

Date _____   **Caster** _____

Name of Ritual or Spell _____

Purpose _____

Participants   **Deities Invoked**

| Waxing | | | Full Moon | | Waning | |

Description

Ingredients and Equipment

Immediate feelings and effects

Follow Up

Manifestation Date _____

Results _____

Date _____   **Caster** _____

Name of Ritual or Spell _____

Purpose _____

Participants   **Deities Invoked**

| Waxing | | | Full Moon | | Waning | |

Description	Ingredients and Equipment

Immediate feelings and effects	

Follow Up

Manifestation Date _____

Results _____

Date _____   **Caster** _____

Name of Ritual or Spell _____

Purpose _____

Participants   **Deities Invoked**

| Waxing | Full Moon | Waning |

Description

Ingredients and Equipment

Immediate feelings and effects

Follow Up

Manifestation Date _____

Results _____

Date _____   **Caster** _____

Name of Ritual or Spell _____

Purpose _____

Participants   **Deities Invoked**

Waxing   Full Moon   Waning

Description

Ingredients and Equipment

Immediate feelings and effects

Follow Up

Manifestation Date _____

Results _____

Date _____   **Caster** _____

Name of Ritual or Spell _____

Purpose _____

Participants　　　　　　　　　　**Deities Invoked**

　　　　Waxing　　　　　　　Full Moon　　　　　　　Waning

Description | Ingredients and Equipment

Immediate feelings and effects

Follow Up

Manifestation Date _____

Results _____

Date _____ **Caster** _____

Name of Ritual or Spell _____

Purpose _____

Participants   **Deities Invoked**

| Waxing | Full Moon | Waning |

Description

Ingredients and Equipment

Immediate feelings and effects

Follow Up

Manifestation Date _____

Results _____

Date _____ **Caster** _____

Name of Ritual or Spell _____

Purpose _____

Participants   **Deities Invoked**

| Waxing | Full Moon | Waning |

Description

Ingredients and Equipment

Immediate feelings and effects

Follow Up

Manifestation Date _____

Results _____

Date _____ **Caster** _____

Name of Ritual or Spell _____

Purpose _____

Participants   **Deities Invoked**

Waxing   Full Moon   Waning

Description

Ingredients and Equipment

Immediate feelings and effects

Follow Up

Manifestation Date _____

Results _____

Date _____ **Caster** _____

Name of Ritual or Spell _____

Purpose _____

Participants   **Deities Invoked**

| Waxing | Full Moon | Waning |

Description		Ingredients and Equipment

| Immediate feelings and effects | | |

Follow Up

Manifestation Date _____

Results _____

Date _____   **Caster** _____

Name of Ritual or Spell _____

Purpose _____

Participants   **Deities Invoked**

| Waxing | Full Moon | Waning |

Description

Ingredients and Equipment

Immediate feelings and effects

Follow Up

Manifestation Date _____

Results _____

Date _____ **Caster** _____

Name of Ritual or Spell _____

Purpose _____

Participants   **Deities Invoked**

Waxing	Full Moon	Waning

Description

Ingredients and Equipment

Immediate feelings and effects

Follow Up

Manifestation Date _____

Results _____

Date _____ **Caster** _____

Name of Ritual or Spell _____

Purpose _____

Participants **Deities Invoked**

Waxing Full Moon Waning

Description

Ingredients and Equipment

Immediate feelings and effects

Follow Up

Manifestation Date _____

Results _____

Date _____   Caster _____

Name of Ritual or Spell _____

Purpose _____

Participants   Deities Invoked

| Waxing | Full Moon | Waning |

Description

Ingredients and Equipment

Immediate feelings and effects

Follow Up

Manifestation Date _____

Results _____

Date _____ **Caster** _____

Name of Ritual or Spell _____

Purpose _____

Participants **Deities Invoked**

Waxing Full Moon Waning

Description

Ingredients and Equipment

Immediate feelings and effects

Follow Up

Manifestation Date _____

Results _____

Date _____   **Caster** _____

Name of Ritual or Spell _____

Purpose _____

Participants   **Deities Invoked**

Waxing   Full Moon   Waning

Description	Ingredients and Equipment

Immediate feelings and effects

Follow Up

Manifestation Date _____

Results _____

Date _____   **Caster** _____

Name of Ritual or Spell _____

Purpose _____

Participants   **Deities Invoked**

| Waxing | Full Moon | Waning |

Description

Ingredients and Equipment

Immediate feelings and effects

Follow Up

Manifestation Date _____

Results _____

Date _____   **Caster** _____

Name of Ritual or Spell _____

Purpose _____

Participants   **Deities Invoked**

Waxing   Full Moon   Waning

Description	Ingredients and Equipment

Immediate feelings and effects

Follow Up

Manifestation Date _____

Results _____

Date _____   **Caster** _____

Name of Ritual or Spell _____

Purpose _____

Participants   **Deities Invoked**

Waxing			Full Moon		Waning	

Description	Ingredients and Equipment

Immediate feelings and effects	

Follow Up

Manifestation Date _____

Results _____

Date _____   **Caster** _____

Name of Ritual or Spell _____

Purpose _____

Participants   **Deities Invoked**

Waxing   Full Moon   Waning

Description | Ingredients and Equipment

Immediate feelings and effects

Follow Up

Manifestation Date _____

Results _____

Date _____ **Caster** _____

Name of Ritual or Spell _____

Purpose _____

Participants   **Deities Invoked**

| Waxing | | | Full Moon | | Waning | |

Description	Ingredients and Equipment

Immediate feelings and effects	

Follow Up

Manifestation Date _____

Results _____

Date _____   **Caster** _____

Name of Ritual or Spell _____

Purpose _____

Participants   **Deities Invoked**

Waxing			Full Moon		Waning	
●	☽	◐	○	◑	☾	●

Description

Ingredients and Equipment

Immediate feelings and effects

Follow Up

Manifestation Date _____

Results _____

Date _____   **Caster** _____

Name of Ritual or Spell _____

Purpose _____

Participants   **Deities Invoked**

Waxing			Full Moon			Waning
●	◐	◐	○	◑	◑	●

Description

Ingredients and Equipment

Immediate feelings and effects

Follow Up

Manifestation Date _____

Results _____

Date _____ Caster _____

Name of Ritual or Spell _____

Purpose _____

Participants   Deities Invoked

| Waxing | Full Moon | Waning |

Description

Ingredients and Equipment

Immediate feelings and effects

Follow Up

Manifestation Date _____

Results _____

Date _____ **Caster** _____

Name of Ritual or Spell _____

Purpose _____

Participants   **Deities Invoked**

      Waxing   Full Moon   Waning

Description

Ingredients and Equipment

Immediate feelings and effects

Follow Up

Manifestation Date _____

Results _____

Date _____   **Caster** _____

Name of Ritual or Spell _____

Purpose _____

Participants   **Deities Invoked**

Waxing   Full Moon   Waning

Description

Ingredients and Equipment

Immediate feelings and effects

Follow Up

Manifestation Date _____

Results _____

Date _____ Caster _____

Name of Ritual or Spell _____

Purpose _____

Participants   **Deities Invoked**

| Waxing | | | Full Moon | | Waning | |

Description

_____
_____
_____
_____
_____
_____

Immediate feelings and effects

_____
_____
_____
_____
_____

Ingredients and Equipment

_____
_____
_____
_____
_____
_____
_____
_____
_____
_____
_____
_____

Follow Up

Manifestation Date _____

Results _____

Date _____ **Caster** _____

Name of Ritual or Spell _____

Purpose _____

Participants   **Deities Invoked**

Waxing	Full Moon	Waning

Description

Ingredients and Equipment

Immediate feelings and effects

Follow Up

Manifestation Date _____

Results _____

Date _____   Caster _____

Name of Ritual or Spell _____

Purpose _____

Participants   Deities Invoked

Waxing   Full Moon   Waning

Description	Ingredients and Equipment

Immediate feelings and effects	

Follow Up

Manifestation Date _____

Results _____

Date _____   **Caster** _____

Name of Ritual or Spell _____

Purpose _____

Participants   **Deities Invoked**

Waxing   Full Moon   Waning

Description

Ingredients and Equipment

Immediate feelings and effects

Follow Up

Manifestation Date _____

Results _____

Date _____ **Caster** _____

Name of Ritual or Spell _____

Purpose _____

Participants **Deities Invoked**

Waxing Full Moon Waning

Description

Ingredients and Equipment

Immediate feelings and effects

Follow Up

Manifestation Date _____

Results _____

Date _____ **Caster** _____

Name of Ritual or Spell _____

Purpose _____

Participants   **Deities Invoked**

Waxing	Full Moon	Waning

Description

Ingredients and Equipment

Immediate feelings and effects

Follow Up

Manifestation Date _____

Results _____

Date _____ Caster _____

Name of Ritual or Spell _____

Purpose _____

Participants   Deities Invoked

Waxing   Full Moon   Waning

Description

Ingredients and Equipment

Immediate feelings and effects

Follow Up

Manifestation Date _____

Results _____

Date _____   **Caster** _____

Name of Ritual or Spell _____

Purpose _____

Participants   **Deities Invoked**

| Waxing | | | Full Moon | | Waning | |

Description

Ingredients and Equipment

Immediate feelings and effects

Follow Up

Manifestation Date _____

Results _____

Date _____ **Caster** _____

Name of Ritual or Spell _____

Purpose _____

Participants   **Deities Invoked**

Waxing	Full Moon	Waning

Description

Ingredients and Equipment

Immediate feelings and effects

Follow Up

Manifestation Date _____

Results _____

Date _____   **Caster** _____

Name of Ritual or Spell _____

Purpose _____

Participants   **Deities Invoked**

Waxing			Full Moon		Waning	

Description

Ingredients and Equipment

Immediate feelings and effects

Follow Up

Manifestation Date _____

Results _____

Date _____ Caster _____

Name of Ritual or Spell _____

Purpose _____

Participants   **Deities Invoked**

Waxing   Full Moon   Waning

Description	Ingredients and Equipment

Immediate feelings and effects	

Follow Up

Manifestation Date _____

Results _____

Date _____ **Caster** _____

Name of Ritual or Spell _____

Purpose _____

Participants　　　　　　　　　**Deities Invoked**

　　　Waxing　　　　　　Full Moon　　　　　　Waning

Description	Ingredients and Equipment

Immediate feelings and effects

Follow Up

Manifestation Date _____

Results _____

Date _____   Caster _____

Name of Ritual or Spell _____

Purpose _____

Participants   Deities Invoked

| Waxing | | | Full Moon | | Waning | |

Description

Ingredients and Equipment

Immediate feelings and effects

Follow Up

Manifestation Date _____

Results _____

Date _____   Caster _____

Name of Ritual or Spell _____

Purpose _____

Participants   Deities Invoked

         Waxing   Full Moon   Waning

Description   Ingredients and Equipment

Immediate feelings and effects

                        Follow Up

Manifestation Date _____

        Results _____

Date _____   Caster _____

Name of Ritual or Spell _____

Purpose _____

Participants   Deities Invoked

Waxing   Full Moon   Waning

Description | Ingredients and Equipment

Immediate feelings and effects

Follow Up

Manifestation Date _____

Results _____

Date _____   **Caster** _____

Name of Ritual or Spell _____

Purpose _____

Participants   **Deities Invoked**

Waxing			Full Moon			Waning

Description

Ingredients and Equipment

Immediate feelings and effects

Follow Up

Manifestation Date _____

Results _____

Date _____   Caster _____

Name of Ritual or Spell _____

Purpose _____

Participants   **Deities Invoked**

| Waxing | Full Moon | Waning |

Description

Ingredients and Equipment

Immediate feelings and effects

Follow Up

Manifestation Date _____

Results _____

Date _____   **Caster** _____

Name of Ritual or Spell _____

Purpose _____

Participants   **Deities Invoked**

| Waxing | Full Moon | Waning |

Description

Ingredients and Equipment

Immediate feelings and effects

Follow Up

Manifestation Date _____

Results _____

Date _____   Caster _____

Name of Ritual or Spell _____

Purpose _____

Participants   **Deities Invoked**

Waxing	Full Moon	Waning

Description

Ingredients and Equipment

Immediate feelings and effects

Follow Up

Manifestation Date _____

Results _____

Date _____ Caster _____

Name of Ritual or Spell _____

Purpose _____

Participants   **Deities Invoked**

Waxing   Full Moon   Waning

Description   **Ingredients and Equipment**

Immediate feelings and effects

Follow Up

Manifestation Date _____

Results _____

Date _____   Caster _____

Name of Ritual or Spell _____

Purpose _____

Participants   Deities Invoked

| Waxing | Full Moon | Waning |

Description

Ingredients and Equipment

Immediate feelings and effects

Follow Up

Manifestation Date _____

Results _____

Date _____ **Caster** _____

Name of Ritual or Spell _____

Purpose _____

Participants **Deities Invoked**

Waxing　　　　　Full Moon　　　　　Waning

Description

Ingredients and Equipment

Immediate feelings and effects

Follow Up

Manifestation Date _____

Results _____

Date _____   **Caster** _____

Name of Ritual or Spell _____

Purpose _____

Participants   **Deities Invoked**

| Waxing | Full Moon | Waning |

Description	Ingredients and Equipment

Immediate feelings and effects	

Follow Up

Manifestation Date _____

Results _____

Date _____   **Caster** _____

Name of Ritual or Spell _____

Purpose _____

Participants   **Deities Invoked**

| Waxing | Full Moon | Waning |

Description

Ingredients and Equipment

Immediate feelings and effects

Follow Up

Manifestation Date _____

Results _____

Date _____   Caster _____

Name of Ritual or Spell _____

Purpose _____

Participants   Deities Invoked

Waxing   Full Moon   Waning

Description | Ingredients and Equipment

Immediate feelings and effects

Follow Up

Manifestation Date _____

Results _____

Date _____   **Caster** _____

Name of Ritual or Spell _____

Purpose _____

Participants   **Deities Invoked**

Waxing   Full Moon   Waning

Description	Ingredients and Equipment

Immediate feelings and effects

Follow Up

Manifestation Date _____

Results _____

Date _____   Caster _____

Name of Ritual or Spell _____

Purpose _____

Participants   Deities Invoked

Waxing			Full Moon		Waning	
●	◐	◑	○	◐	◐	●

Description

Ingredients and Equipment

Immediate feelings and effects

Follow Up

Manifestation Date _____

Results _____

Date _____   Caster _____

Name of Ritual or Spell _____

Purpose _____

Participants   **Deities Invoked**

| Waxing | Full Moon | Waning |

Description

Ingredients and Equipment

Immediate feelings and effects

Follow Up

Manifestation Date _____

Results _____

Date _____ Caster _____

Name of Ritual or Spell _____

Purpose _____

Participants   Deities Invoked

Waxing	Full Moon	Waning
● ◐ ◑	○	◐ ◑ ●

Description

Ingredients and Equipment

Immediate feelings and effects

Follow Up

Manifestation Date _____

Results _____

Date _____   Caster _____

Name of Ritual or Spell _____

Purpose _____

Participants   Deities Invoked

| Waxing | Full Moon | Waning |

Description

Ingredients and Equipment

Immediate feelings and effects

Follow Up

Manifestation Date _____

Results _____

Date _____ Caster _____

Name of Ritual or Spell _____

Purpose _____

Participants   **Deities Invoked**

Waxing   Full Moon   Waning

Description | Ingredients and Equipment

Immediate feelings and effects

Follow Up

Manifestation Date _____

Results _____

Date _____   **Caster** _____

Name of Ritual or Spell _____

Purpose _____

Participants   **Deities Invoked**

Waxing   Full Moon   Waning

Description

Ingredients and Equipment

Immediate feelings and effects

Follow Up

Manifestation Date _____

Results _____

Date _____ **Caster** _____

Name of Ritual or Spell _____

Purpose _____

Participants   **Deities Invoked**

Waxing   Full Moon   Waning

Description

Ingredients and Equipment

Immediate feelings and effects

Follow Up

Manifestation Date _____

Results _____

Date _____   Caster _____

Name of Ritual or Spell _____

Purpose _____

Participants   Deities Invoked

Waxing   Full Moon   Waning

Description | Ingredients and Equipment

Immediate feelings and effects

Follow Up

Manifestation Date _____

Results _____

Date _____ Caster _____

Name of Ritual or Spell _____

Purpose _____

Participants   Deities Invoked

Waxing   Full Moon   Waning

Description	Ingredients and Equipment

Immediate feelings and effects

Follow Up

Manifestation Date _____

Results _____

Date _____   Caster _____

Name of Ritual or Spell _____

Purpose _____

Participants   Deities Invoked

| Waxing | Full Moon | Waning |

Description

Ingredients and Equipment

Immediate feelings and effects

Follow Up

Manifestation Date _____

Results _____

Date _____   Caster _____

Name of Ritual or Spell _____

Purpose _____

Participants   Deities Invoked

| Waxing | Full Moon | Waning |

Description

Ingredients and Equipment

Immediate feelings and effects

Follow Up

Manifestation Date _____

Results _____

Date _____   Caster _____

Name of Ritual or Spell _____

Purpose _____

Participants   Deities Invoked

Waxing   Full Moon   Waning

Description   Ingredients and Equipment

Immediate feelings and effects

Follow Up

Manifestation Date _____

Results _____

Date _____ Caster _____

Name of Ritual or Spell _____

Purpose _____

Participants   **Deities Invoked**

Waxing   Full Moon   Waning

Description | Ingredients and Equipment

Immediate feelings and effects

Follow Up

Manifestation Date _____

Results _____

Date _____ **Caster** _____

Name of Ritual or Spell _____

Purpose _____

Participants   **Deities Invoked**

| Waxing | Full Moon | Waning |

Description | Ingredients and Equipment

Immediate feelings and effects

Follow Up

Manifestation Date _____

Results _____

Date _____   Caster _____

Name of Ritual or Spell _____

Purpose _____

Participants   **Deities Invoked**

Waxing   Full Moon   Waning

Description | Ingredients and Equipment

Immediate feelings and effects

Follow Up

Manifestation Date _____

Results _____

Date _____ Caster _____

Name of Ritual or Spell _____

Purpose _____

Participants   **Deities Invoked**

Waxing   Full Moon   Waning

Description | Ingredients and Equipment

Immediate feelings and effects

Follow Up

Manifestation Date _____

Results _____

Date _____ Caster _____

Name of Ritual or Spell _____

Purpose _____

Participants   Deities Invoked

Waxing   Full Moon   Waning

Description	Ingredients and Equipment

Immediate feelings and effects	

Follow Up

Manifestation Date _____

Results _____

Date _____ Caster _____

Name of Ritual or Spell _____

Purpose _____

Participants   **Deities Invoked**

Waxing			Full Moon		Waning	

Description	Ingredients and Equipment
Immediate feelings and effects	

Follow Up

Manifestation Date _____

Results _____

Date _____ Caster _____

Name of Ritual or Spell _____

Purpose _____

Participants   Deities Invoked

Waxing   Full Moon   Waning

Description	Ingredients and Equipment

Immediate feelings and effects

Follow Up

Manifestation Date _____

Results _____

Date _____ Caster _____

Name of Ritual or Spell _____

Purpose _____

Participants   **Deities Invoked**

Waxing   Full Moon   Waning

Description

Immediate feelings and effects

Ingredients and Equipment

Follow Up

Manifestation Date _____

Results _____

Date _____   Caster _____

Name of Ritual or Spell _____

Purpose _____

Participants   Deities Invoked

Waxing   Full Moon   Waning

Description	Ingredients and Equipment

Immediate feelings and effects

Follow Up

Manifestation Date _____

Results _____

Made in the USA
Las Vegas, NV
13 May 2024

89893442R00090